APPEL
A LA NATION,

Par J. P. MARAT,

L'AMI DU PEUPLE, Citoyen du district des Cordeliers, et auteur de plusieurs ouvrages patriotiques.

Publié le 15 fevrier 1790,

APPEL
A LA NATION,
PAR J. P. MARAT,

L'AMI DU PEUPLE, citoyen du District des Cordeliers, et auteur de plusieurs ouvrages patriotiques, contre le ministre des Finances, la Municipalité et le Châtelet de Paris; suivi de l'exposé des raisons urgentes de destituer cet administrateur des deniers publics, de purger cette corporation, et d'abolir ce tribunal, redoutables suppôts du despotisme.

Vitam impendere vero.

Du rivage où m'a jeté la tempête, nud, froissé, couvert de contusions, épuisé par mes efforts, et mourant de fatigue, je tourne avec effroi les yeux vers cette mer orageuse sur laquelle voguent avec sécurité mes aveugles concitoyens; je frissonne d'horreur à la vue des périls qui les menacent, des malheurs qui les attendent; je gémis de ne pouvoir plus leur prêter une main secourable; mais dans l'impuissance où le cruel destin m'a réduit, il ne me reste que de vaines réclamations contre les pilotes perfides et barbares qui exposent le navire à périr ; et qui m'ont fait jeter à l'eau, en feignant de vouloir appaiser la tourmente.

Parlons sans figure. Martyr de mon zèle pour le salut de la patrie, je ne porterai plus mes réclamations à l'assemblée nationale : les hommes superbes et vains qui se parent des dépouilles du peuple, les hypocrites qui l'égarent, les gens de loi qui lui vendent la justice, les intrigants qui cherchent à l'asservir, les frippons qui travaillent à l'affamer, les scélérats qui s'efforcent de le replonger dans l'abîme, et, pour tout dire, en un mot, les ennemis publics qui dominent le corps législatif se souléveroient à mon nom seul ; aveuglés par leurs passions, et sourds à la voix du devoir, ils immoleroient sans pitié l'homme intègre qui osa dévoiler leurs noirs projets, et défendre contre eux la cause de la liberté. Qu'ils jouissent de leur faux triomphe, je ne les fatiguerai plus de mes plaintes : c'est à la nation que j'ose les adresser, c'est pour elle que j'ai combattu, c'est pour elle que je me suis fait anathême.

Si elle pouvoit oublier mon dévouement, je me soumettrois sans murmure à la rigueur du sort: mais avant de tomber sous les coups de la tyrannie, j'aurai la consolation de couvrir d'opprobre mes lâches persécuteurs; j'envelopperai ensuite ma tête de mon manteau, et je présenterai le cou au fer des assassins.

L'Ami du Peuple, poursuivi comme un malfaiteur, par le ministère public! Pourroit-on le croire, si le ministère public n'étoit composé des ennemis du peuple? Ce qui doit le plus affliger un homme de bien, victime de sa vertu, ce n'est pas d'être exposé à succomber sous les artifices des méchans; c'est de voir soupçonner son innocence. Pour faire triompher la mienne, il faut remonter au principe de la persécution que j'éprouve; mais pour montrer la turpitude de mes persécuteurs, il suffira du simple exposé des faits.

Le moment étoit venu pour les François de secouer le joug cruel sous lequel ils gémissoient depuis tant de siècles. S'ils y ont réussi, ils doivent ce succès à un concours de circonstances uniques. S'ils connoissent leurs droits, ils doivent cet avantage à la philosophie, qui a fait tomber le bandeau de l'erreur que le despotisme avoit ceint sur leurs fronts. Si les Etats-Généraux, oubliés depuis si long-tems, leur ont été rendus; ils doivent ce bonheur aux abus du pouvoir, aux déprédations des agens de l'autorité et aux barrières que quelques cours de judicatures ont elevées contre de pareils brigandages. Si le peuple a été compté pour quelque chose dans la rénovation de ses anciennes assemblées ; il doit cette restitution de ses droits aux écrivains patriotiques qui ont démasqué les vues ambitieuses des ordres favorisés, jaloux de perpétuer leur domination. Ce nouvel ordre de choses n'étoit pas vu avec indifférence ; pour empêcher le peuple de rentrer plainement dans ses droits, et le tenir éternellement sous le joug, il falloit dissoudre les Etats ; la plus noire trame fut ourdie, et, sous prétexte de pourvoir à la tranquilité publique, les ennemis de la révolution s'aprêtèrent à nous reduire par la faim, le fer et le feu. Le ciel veilloit pour nous : non seulement nous avons échappé, mais les préparatifs qu'ils avoient faits pour nous détruire, ont servi à notre triomphe. Dès ce moment, les députés des différents ordres sont devenus les réprésentans de la Nation, et cet honneur, ils le doivent à l'effervescence que les plumes énergiques avoient excitées dans toutes les têtes, à l'horreur qu'elles avoient inspirée contre l'oppression, à la fureur avec laquelle le peuple s'est soulevé contre ses oppresseurs, et aux scènes sanglantes des coupables qu'il a immolés.

A la vue de ces actes d'une trop juste vengeance, nos perfides ennemis, glacés d'effroi, ont suspendu quelques jours leurs odieuses machinations, pour se réunir aux réprésentans du peuple ; et les anciennes barrieres qui séparoient les ordres de l'Etat, se sont enfin abattues devant les lois éternelles de la raison et de la justice. Ils ont vu en silence renverser de redoutables monuments de tyrannies, eux-mêmes ont feint de s'empresser d'en arracher quelques pierres : mais à peine leur a-t-on donné le tems de revenir de leur transes, qu'ils n'ont songé qu'à en retarder la chûte, qu'à employer mille artifices pour leurer les citoyens, qu'à tramer une seconde conspiration.

C'est au sein des factions formées contre la liberté naissante, que furent posées les bases de la constitution ; c'est au milieu du tumulte et des orages qu'en fut élevé l'édifice : édifice pompeux que nos ennemis travaillent sans cesse à renverser ; tantôt ils le minent sourdement, tantôt ils le sappent audacieusement, suivant que la fortune leur paroît plus ou moins propice.

Le peuple venoit de briser ses fers, et il avoit les armes à la main. Enivré d'un faux triomphe, déja il se croit libre et indépendant ; mais tandis qu'il chante sa victoire, les ennemis de son bonheur livrés à leur rage, renouent en silence les fils de leur trame odieuse. Au lieu de se choisir des chefs éclairés et intègres, il souffre que de vils intrigants se fassent nommer ses mandataires; il leur remet ses pouvoirs, s'abandonne à leur foi, et s'endort stupidement dans leurs bras : mais bientôt abusant de l'autorité qu'il leur a confiée, et tournant contre lui les armes qu'il leur a remises, ils lui enlèvent sourdement ses droits ; et, pour le réduire plus sûrement sous le joug, ils travaillent à le faire périr de faim. L'abîme est ouvert ; s'il n'y est pas encore précipité, qu'il rende grace à quelques amis incorruptibles de la patrie, qui ont dévoilé l'horrible complot : c'est dans cette classe que j'ose me compter.

Citoyen paisible, ami de l'ordre, chérissant la justice, et passionné de la liberté, depuis long-tems je passai mes jours à la recherche des lois de la nature, lorsque le désordre extrême des affaires de l'état, changea l'objet de mes études favorites. Il n'étoit point étranger à la politique, et je pensois qu'un homme de bien ne pouvoit rien faire de mieux que de consacrer sa plume au bonheur d'un grand peuple. Ce fut sur un lit de douleur que j'écrivis *l'offrande à la Patrie.* J'y exposai, non la réforme de petits abus d'administration, mais la refonte entière du Gouvernement ; j'y traçai les lois indispensables au triomphe de la liberté, sans laquelle la régénération de l'Empire ne seroit qu'une chimère. Cet opuscule fit sensation ; les vues qu'il contenoit percèrent avec rapidité, et j'eus la satisfaction de les voir consacrées dans presque tous les cahiers des députés aux états.

Les premiers travaux du comité de constitution paroissoient à peine ; ils étoient contenus dans plusieurs projets *sur les droits de l'homme et du citoyen*, aussi peu dignes d'un siècle de lumières que d'une assemblée [illegible] appelée à régénérer le royaume, fruits prématurés de la vanité philosophique [illegible] impatient[illegible] de se mettre en vue, quelques membres de ce comité, restaurateur[illegible] prétendu[illegible] de la liberté françoise, avoient conservé à la couronne cent prérogatives usurpées, jusqu'au privilége odieux de disposer des provinces et de vendre les [illegible] comme un vil troupeau[illegible] [illegible]es dispositions honteuses, qu'on avoit pris soin de [illegible] voiler, me saisirent d'indignation, et portèrent l'effroi dans mon ame ; je pris la plume[illegible] sonn[illegible] le tocsin [illegible] dans un écrit de quelques pages[illegible] je couvris d'opprobre [illegible] le projet [illegible] ses auteurs ; ainsi décrié, il n'osa plus paroître au grand jour, et le président du comité, devenu la bête noire de l'assemblée nationale, fut enfin obligé de battre en retraite.

Tant d'essais indigestes ne me faisoient que

trop sentir combien peu les droits de l'homme en société étoient connus ; combien peu on avoit dessein d'organiser la machine politique pour le bonheur des peuples ; je tracai le plan d'un constitution (1), libre, juste et sage ; j'y indiquai les réformes à faire ; j'y invitai la nation à reprendre les biens ecclesiastiques que le clergé dissippoit honteusement, à les employer suivant le but de leur donnation ; j'y proposai le rappel de toutes les pensions usurpées ou excessives, la suppression de toutes les places inutiles ou dangereuses, l'abolition des maisons militaires des princes ; j'y fis sentir la nécessité de ne plus laisser à la couronne la nomination aux emplois ecclésiastiques, civils et militaires, la nécessité de réduire l'armée de moitié, l'établissement d'un vrai tribunal d'état chargé de juger les agens du pouvoir qui abuseroient de l'autorité, la consécration solennelle des droits de la nation, le mode de distribuer et de limiter les pouvoirs de l'état de telle sorte que la liberté publique ne soit point exposée ; la plupart de ces vues furent adoptées.

La manière dont les états-généraux avoient été composés, la multitude d'ennemis de la révolution qu'ils renfermoient dans leur sein,

(1) Ce plan a été publié à la fin du mois d'août 1789.

le peu d'aptitude et de désir que le plus grand nombre montroit à faire le bonheur public, m'avoient fait sentir la nécessité de surveiller avec sollicitude l'assemblée nationale, de relever ses erreurs, de la ramener sans cesse aux bons principes, d'établir et défendre les droits du citoyen, de contrôler les dépositaires de l'autorité, de réclamer contre leurs attentats, de réprimer leurs malversations : dessein qui ne pouvoit s'exécuter qu'à l'aide d'une feuille vraiment nationale. J'entrepris donc un journal public, sous le nom d'*Ami du peuple* : il n'a pas été inutile à la cause de la liberté. Plus d'une fois je m'y suis élevé avec force contre des projets de décret alarmans, et des arrêtés oppressifs, tels que celui du *veto*, de la loi martiale, du marc d'argent, de l'attribution des droits du peuple à l'assemblée nationale, de la spoliation des droits de la commune en faveur de la municipalité, de la formule ordinaire de la promulgation des lois; et, plus d'une fois, j'y ai dévoilé les trames odieuses contre la patrie, long-temps avant qu'elles n'éclatassent, j'y ai tonné le tocsin pour courir aux armes, lorsqu'il étoit encore temps de sauver la patrie, je n'ai cessé d'y avertir la nation que les ennemis publics étoient toujours sur pied pour renouer leurs trames criminelles; j'y ai sollicité les bons citoyens à purger l'assemblée nationale, les corps municipaux, les cours de justice, les comités de districts, des membres corrompus, dangereux, ou suspects; j'y ai frondé le projet de rendre au monarque ses gardes-du-corps; j'y ai frondé l'indigne réglement de police, qui remettoit les écrits patriotiques à la merci de l'administration municipale au moyen des colporteurs, et l'arrêté plus indigne encore qui ordonnoit la contrainte par corps pour dettes civiles: sans cesse j'y ai contrôlé, contenu et réprimé les agents du pouvoir, en dénonçant au public leurs malversations, leurs prévarications, leurs attentats.

Qu'on jette les yeux sur ces écrits, on y verra à chaque page des preuves de mon zèle, qui serviront un jour de témoignage aux efforts que je n'ai cessé de faire pour assurer la liberté et le bonheur du peuple.

Alarmé de la famine dont le peuple étoit menacé au sein même de l'abondance, je ne tardai pas à reconnoître que les accaparemens de grains, malicieusement attribués à des particuliers, ne pouvoient se faire qu'avec l'appui du gouvernement; et sur-tout avec l'appui des municipalités, seules en état d'employer la force publique pour protéger les agens ministériels. Indigné des efforts continuels que faisoit le principal ministre, pour remettre dans les mains du monarque les chaînes du pouvoir absolu; indigné de la composition de la municipalité Parisienne, où se trouvoient des agens du directeur des finances (1), des pensionnaires royaux, des robins, des suppôts de la chicane, des escrocs, des fripons, tous partisans de l'ancien régime; indigné des tentatives réitérées de l'administration municipale, pour donner le change au public sur les causes de la disette; je suivois en silence la chaîne des événemens, et d'après quelques faits notoires je n'ai plus balancé à charger le ministre d'être le principal auteur de ces malversations, et la municipalité d'avoir indignement connivé avec lui.

Redoutant l'organisation de la milice nationale, l'énormité des appointemens prodigués à l'état-major de la garde soldée, l'indigne choix (2) des principaax officiers

(1) Les Leleu, Deleutre et vils intrigants, et faiseurs d'affaires.

(2) On nous dit avec assurance, que ce choix a été fait par les districts; il faut être bien simple pour le croire. D'abord les assemblées de districts, loin d'être complettes, ne sont jamais générales; et puis qui doute que les chefs n'aient l'art de faire accaparer les voix par des intrigans, et qui ne fait que quelques centaines de voix achetées à vil prix, suffisent pour faire un commandant de bataillon.

de la garde non soldée, la désunion que l'uniforme alloit mettre parmi les citoyens, l'esprit de corps que le commandant général travailloit à inspirer à une partie des soldats, en formant des compagnies de grenadiers et de chasseurs, les malheurs qui alloient être les suites inévitables de cette désunion; j'ai dénoncé au public ces manœuvres criminelles.

Revolté des atteintes multipliées portées à la liberté publique par les municipaux, et désespéré de leur connivence avec le principal ministre, j'ai dévoilé leur odieux projet, et répandu l'alarme. On m'a reproché de n'avoir gardé aucune mesure dans mes réclamations. -- Mais quoi! aigri par les plaintes qu'on m'adressoit de tous côtés contre les agens du pouvoir, harcelé par la foule d'opprimés qui avoient recours à moi, révolté des abus continuels de l'autorité, des attentats toujours nouveaux des suppôts du despotisme, pouvois-je ne pas être pénétré d'indignation contre les auteurs de tant de forfaits, et déployer à leur égard toute l'horreur qui remplissoit mon ame?

On m'a reproché d'avoir attaqué sans ménagement les ennemis publics: mais en doit-on aucun à de perfides ennemis? Soldat de la patrie, j'ai combattu pour elle avec l'audace d'un guerrier qui sent toute la justice de la cause qu'il soutient. Si quelques-fois mon zèle pour le salut du peuple m'a emporté, me fera-t-on un crime de n'avoir vu que les dangers qu'il courroit, et de m'être dévoué pour lui ?

Enfin on m'a reproché de m'être trop confié à la bonté de ma cause, et d'avoir ignoré qu'on n'attaque jamais impunément les hommes constitués en puissance. Si cette maxime étoit fondée, toute révolution seroit impossible, comment donc auroient été faites celles du 14 juillet, et du 6 octobre ? Et puis, quelle apparence que les ennemis de l'état, que j'avois toujours arrêtés, leveroient tout-à-coup le masque, passeroient par dessus toute considération, et se porteroient aux dernières extrémités ? Quelle apparence que le parti patriotique de l'assemblée nationale ne compteroit que des trembleurs ? que les soldats nationaux ne seroient que de pures machines ; que les bons citoyens que j'avois invités à se confédérer, resteroient isolés ; et que l'ami du peuple se verroit enfin seul contre tous.

Au ~~demeurant~~ surplus, ces reproches annoncent dans ceux qui les font, assez peu de connoissance du cœur humain. Ignorent-ils qu'il n'y a que la crainte du plus affreux scandale qui puisse contenir les méchans ? C'est la seule arme qui me restoit contre les ennemis de la patrie : je l'ai employée long-temps avec succès, et je l'aurois employée plus long-temps encore, sans un événement malheureux que la prudence ne pouvoit prévenir; et dont les agens du pouvoir ont habilement profité.

J'ai publié cent inculpations également graves et méritées contre l'administration municipale; toujours elle a fait la sourde oreille, toujours elle a gardé le silence. Une seule fois, durant cette guerre où j'avois seul tant de désavantages, j'ai dénoncé un délit révoltant commis dans l'assemblée des mandataires provisoires de la commune (1), délit bien constaté; mais, sur la foi de l'opprimé, je m'étois mépris sur la personne du délinquant. Aussi-tôt l'accusé jette feu et flamme, crie à la calomnie, porte plainte, me traduit devant le châtelet; et pour une erreur innocente, dont il m'eût été également impossible, et de me défier et de me garantir; j'ai été décrété de prise-de-corps comme un criminel. Le décret devoit être mis à exécution le 6 octobre : mais dans des conjonctures aussi orageuses, les gens du roi n'osant pas d'abord venir jusqu'à moi, se contentèrent d'assigner mon libraire et mon imprimeur. Comme je suis convaincu qu'il est

(1) Voyez le numéro 24 de l'Ami du Peuple.

connon-seulement licite, mais méritoire d'éclairer la conduite des agens du pouvoir, de les dénoncer pour le moindre abus d'autorité, et de les poursuivre à outrance; je recommandai au premier de ne pas comparoître, et il suivit le conseil; le dernier ne consultant que ses préjugés, se rendit chez le commissaire, qui se contenta de lui adresser quelques questions vagues, et de lui faire des politesses; car la nouvelle de la victoire du peuple sur les conspirateurs étoit déja publique, et les gens du roi avoient trouvé prudent de mettre de l'eau dans leur vin.

Un pareil décret décerné avec tant de légéreté contre un acte qu'autorisoit le soin de veiller au salut de l'état, étoit un attentat contre la liberté individuelle, un outrage contre la liberté publique. J'en étois révolté, et je le dénonçai à la nation, en lui révélant la coupable témérité du sieur Flandres de Brunville. Aveuglé par son ressentiment, ce lâche oppresseur lança contre moi un second décret de prise-de-corps, qu'il essayât de faire mettre à exécution la nuit du 8 octobre, où une troupe d'Alguasils fantassins et cavaliers, suivis d'une voiture, se présenta à ma porte pour m'enlever. On refusa d'ouvrir; forcés de s'en retourner, ils disparurent avec le jour. Faisons ici une réflexion qui échapperoit à la plupart des lecteurs; elle a pour objet les désavantages des peuples qui défendent leur liberté contre les agens du pouvoir, ligués pour la détruire ; tandis que ceux-ci se permettent audacieusement mille attentats, et les commettent impunément sous le voile du bien public ; ceux-là ne font jamais impunément la moindre faute. Leur impute-t-on des crimes dont la preuve est notoire ? Ils gardent le silence. Se permet-on contre eux une seule imputation fondée, mais dont la preuve est équivoque ? ils jettent les hauts cris, ils déclament contre la calomnie, ils ont recours aux tribunaux, ils sévissent sans pitié, et se font des lois un instrument de fureur, pour écraser leurs ennemis. C'est ici le lieu d'établir un principe politique, (1) sans lequel la liberté ne sauroit s'établir, sans laquelle les lois ne peuvent que servir de jouet aux hommes chargés de les faire respecter ; c'est que le dernier des citoyens a le droit d'attaquer tous les agens

(1) Nous sommes si neufs en matières politiques, si imbus de sots préjugés, que nous ôtons aux hommes clairvoyans les moyens de nous empêcher de périr. Lorsqu'un citoyen éclairé, dénonce les ministres, toujours ennemis du peuple ; nous l'accusons de calomnie, à moins qu'il ne produise des preuves juridiques ; comme si un administrateur donnoit par écrit les ordres de malverser, de prévariquer, de trahir ; comme s'il ne suffisoit pas, pour le déclarer coupable, de s'assurer que ces ordres ont dû émaner de lui, et n'ont pu s'exécuter sans lui ; comme s'il ne suffisoit pas de connoître ses vues et ses relations, avec les malversateurs subalternes ;

du pouvoir, dont la conduite est illégale, équivoque ou suspecte; le droit de les dénoncer, de dévoiler leurs malversations, leurs menées, leurs projets; c'est qu'il ne doit jamais être comptable qu'au tribunal du public, dont il mérite la reconnoissance, si sa dénonciation est dictée par le desir de servir la patrie, et dont il encourt l'indignation, si elle est dictée par la malignité; tandis que les accusés, toujours tenus de se justifier d'accusations graves, doivent être poursuivis par le tribunal d'état, s'ils ont réellement malversé. Sans cela, tout dénonciateur étant sûr d'être sacrifié, les citoyens laisseroient tranquillement consommer la ruine de l'état, plutôt que de compromettre leur repos, leur liberté, leur vie; et les agens du pouvoir, toujours sûrs d'échapper, ne songeroient plus qu'à renverser la constitution pour asservir le peuple, se couvrir de ses

comme s'il ne suffisoit pas le plus souvent de la marche générale des affaires publiques, pour les traiter en criminels; enfin, comme si ces agens tiroient reconnoissance des attentats qu'ils ont commis! Ce qui me confond, c'est que les maximes que je voudrois faire adopter contre les délinquans publics, sont suivies parmi nous contre les délinquans privés; car de quelque crime que le procureur du roi accuse un citoyen, tant que l'accusation n'est pas dictée par la malignité, il est irrecherchable. Pourquoi donc ne consacrerions-nous pas pour le salut de l'état, des maximes que nous avons consacrées pour le repos des familles?

dépouilles, et se gorger de son sang; mais nous sommes trop bornés pour sentir la justesse de ce principe.

Revenons à nos sots préjugés, et observons que lors même que tout citoyen n'auroit pas le droit de s'occuper des affaires publiques, et de surveiller les agens de l'autorité; que lors même qu'un auteur licencieux les auroit attaqués sans motif, sans fondement, sans sujet, le ministère public, dans le gouvernement le plus absolu, ne peut être autorisé à sévir; c'est à la partie offensée de rendre plainte et de poursuivre. Or nos lois, toutes barbares qu'elles sont, n'ayant prononcé contre l'écrivain satyrique le plus scandaleux, contre le calomniateur le plus effronté, aucune peine capitale, aucune peine flétrissante; les gens du roi pouvoient-ils débuter par un décret de prise-de-corps avec l'ami du peuple, eût-il été coupable de licence et de calomnie? Que penser du coup d'autorité que les juges du châtelet se sont permis contre lui, de la prévarication odieuse dont ils se sont rendus coupables; car ces implacables ennemis ne l'accusent que de fanatisme pour la liberté; les hommes judicieux le regardent comme un ardent patriote, et les amis de la patrie comme le vengeur des opprimés, le défenseur des droits du peuple, l'avocat de la nation.

Je respecte la vérité, j'adore la justice, et je ne veux que le bien ; mais je ne suis pas infaillible, et mes erreurs peuvent avoir quelquefois des suites fâcheuses, dont l'offensé a droit d'exiger réparation tant que je ne l'ai point faite. Que d'après notre jurisprudence gothique, le sieur de Joly ait porté plainte, et l'ait suivie ; il n'y a rien là que de très-naturel. Mais que le procureur du roi et le lieutenant-criminel du châtelet, m'aient poursuivi d'office ; ou plutôt que pour avoir tancé le procureur du roi, il se soit érigé en juge dans sa propre cause, qu'il ait sollicité un décret de prise-de-corps, et que le lieutenant criminel l'ait décerné ; cela peut-il se concevoir. Et quels sont donc ces juges si amis de l'ordre, qui s'érigent en vengeurs des lois pour m'opprimer ? Un Bachois, un homme violent et atrabilaire, un homme qui a si lâchement abandonné la cause des peuples, et si honteusement figuré dans le parlement Maupeou ; un homme flétri par l'opinion publique dans les jours mêmes de l'esclavage ; un homme contre lequel s'élèvent de toutes parts les cris des malheureux qu'il a opprimés ; un homme enfin dont (1) les liaisons sont honteuses,

(1) C'est l'ami intime de l'infâme Le Noir.

et dont le nom seul est un opprobre. L'un Flandre de Brunville, un homme à qui la voix publique reproche mille infamies, un homme livré à tous les penchans qui déshonorent l'humanité, un homme vendu au pouvoir, un lâche suppôt de la tyrannie, un vil esclave de la soif de l'or; un fils dénaturé, qui, dans l'espoir de frustrer ses créanciers, foule aux pieds le devoir, la pudeur, la nature, pour attenter à la liberté, au repos, à l'honneur d'un père respectable, et faire périr de douleur dans une maison de force l'auteur de ses jours (1); un monstre indigne de voir la lumière des cieux; un monstre que tous les peuples du monde, pour qui la justice n'est pas un vain nom, eussent fait périr, par un supplice infâmant; qui eût été mis en croix chez les Hébreux, lapidé chez les Suisses, et livré aux bêtes féroces chez les Romains.

Tels sont, ô François! les hommes qui pour de l'argent ont acquis le droit d'être juges dans leur propre cause; le droit de vous accuser, de vous arrêter, de vous condamner, de vous opprimer; le droit de disposer à leur gré de votre liberté,

---

(1) Il est notoire que le sieur de Brunville a fait renfermer son père à Charenton, pour se dispenser de remplir les engagemens qu'il avoit contractés envers un homme dont il retenoit les possessions.

de votre repos, de votre honneur, de votre vie. Tels sont les chefs de ce tribunal gothique, commis par l'assemblée nationale, pour connoître des crimes de lèze nation, pour venger le peuple, et punir ses oppresseurs; tels sont les hommes qui tiennent entre leurs mains vos destinées. Voyez-les redoubler d'efforts pour absoudre les ennemis de la patrie, et accabler ses défenseurs. O honte! ô désespoir! mon cœur se fend de douleur, tout mon être se dissout, et ma vie est prête à s'écouler par des larmes de sang.

La tentative faite le 8 octobre pour m'enlever, et les efforts des ennemis de la révolution pour soulever le peuple contre moi, allarmèrent mes amis; ils jugèrent que je n'étois plus en sûreté dans Paris; ils m'arrachèrent de mes foyers, et me conduisirent à Versailles. J'y adressai mes plaintes à l'assemblée nationale; envain son président entreprit-il de faire entendre mes trop justes réclamations; sa voix fut étouffée par les clameurs de la faction aristocratique, par les nobles, les prélats, les robins, les juges royaux, les juristes, les praticiens, dont j'avois voulu purger le corps législatif, qui ne se fit aucun scrupule d'abandonner ses principes à mon égard, et de me livrer à mes lâches oppresseurs.

Que la justice est un foible rempart contre la fureur des passions ! Réduit à gémir en secret, je faisois de tristes réflexions sur l'aveuglement des représentans du peuple, et la foiblesse de ces prétendus défenseurs de la liberté, lorsque j'appris que le premier ministre des finances étoit à la tête de mes persécuteurs. Je l'avois accusé d'être l'auteur des accaparemens et de la disette qui désoloit le royaume, l'artisan de nos malheurs et de nos calamités ; j'avois demandé sa tête criminelle ; il trembloit que la lumière ne perçât, il cherchoit à m'accabler en secret ; mais joignant toujours l'astuce à la violence, il se présenta au district des filles Saint-Thomas, et demandât qu'on lui fît parvenir les écrits qui l'inculpoient afin qu'il pût se justifier, tandis qu'il poussoit la municipalité à m'ôter tous les moyens de le démasquer.

Dans mon entrevue avec le comte de Pernet ; j'avois reconnu que le délit contre lequel il réclamoit si amérement, étoit très-réel ; mais il varioit (1) sur le nom du

(1) Le comte de Pernet est convenu depuis, et en présence de plusieurs témoins, que s'il a varié sur ce point, c'étoit afin d'éviter toute discussion avec le sieur de Joly. Ce qui auroit pu retarder son départ pour la Bourgogne, où sa présence étoit nécessaire. Au reste on s'est mépris sur l'objet de ma retractation. Je ne

délinquant. L'ayant nommé sur sa foi, je sentis que le sieur de Joly pouvoit ne pas être coupable. Comme il est dans mes principes de rendre justice au diable même, je m'empressai de retracter une méprise qui pouvoit charger ce secrétaire municipal d'un délit dont il n'étoit pas l'auteur; et mon désaveu, consigné dans une lettre que je lui écrivis, devint public par la voie de l'impression. En remplissant ce devoir, que le respect pour la vérité, l'amour de la justice, et l'honneur m'imposoient également, j'avois satisfait de plein gré, à ce que le tribunal le plus sévère auroit pu exiger de moi; or, j'augurai assez bien de la pudeur du sieur de Joly, pour croire qu'il retireroit sa plainte, et laisseroit tomber l'action qu'il m'avoit intentée; mais c'étoit présumer trop favorablement de lui.

Cependant j'avois repris ma plume, et je continuai à fronder les nouveaux attentats du premier ministre des finances, du chef de la municipalité, et des principaux administrateurs. Leurs craintes se reveil-

---

reconnois le sieur de Joly, ni pour un homme délicat, ni pour un homme intact; Je sais au contraire que c'est un bas intrigant, et je lui en offre la preuve; mais je dis qu'il n'a pas commis le faux dont je l'avois accusé, sur la parole du comte de Pernet.

lèrent, et leur persécution recommença. Pour m'enlacer dans leurs filets, ils me firent signifier un décret d'ajournement personel sur la plainte du sieur de Joly. Je ne comparus point; mais je chargeai un procureur de faire toutes les démarches nécessaires pour découvrir ce qui se tramoit au châtelet contre moi. Le greffier en chef l'assura *qu'il n'existoit aucun décret de prise-de-corps, et que le décret d'ajournement personnel n'auroit même aucune suite.* En lui répétant ces assurances, le procureur du roi ajouta, *qu'il me laisseroit bien tranquille, et que je devois lui en savoir quelque gré.* Quant au lieutenant-criminel, il éluda toutes les questions qu'on lui fit, et prétexta toujours ignorance complette. On verra ci-après que leurs belles protestations n'étoient que de grossiers mensonges pour m'attirer dans leurs pièges; ainsi les juges du châtelet ne rougissent pas d'avoir recours aux honteux artifices qu'employent leurs records, de se ravaler au rôle infâme d'espions; et ce sont là les enfans de Thémis!

J'ai déja observé qu'un décret de prise-de-corps avoit été lancé sur la plainte du sieur de Joly; sa conversion arbitraire en décret d'ajournement personnel, étoit donc un aveu tacite de l'illégalité, et de la violence du premier acte de la procédure dirigée contre moi. Quoique j'eusse méprisé ce nouveau coup d'autorité, non-seulement l'ajournement personnel ne fut point converti en prise-de-corps ; mais le procureur du roi répondit à mon chargé d'affaires, *que l'on ne prendroit à mon égard aucun parti violent, et que je comparoîtrois quand je le pourrois.* Nouveau leure dont je continuai à me défier, car je savois de bonne part qu'il existoit un décret de prise-de-corps décerné officiellement. Tant d'hyppocrisie, d'astuce, d'impostures, de trahisons, me remplissoient de mépris pour un tribunal qui avoit de pareils hommes à sa tête ; je formai le dessein d'éclairer de près sa conduite, de dévoiler ses iniquités, de le couvrir d'opprobre, de faire sentir la nécessité urgente de le supprimer ; et je n'attendis plus qu'une occasion favorable.

La vie retirée que je menois à Versailles parut étrange au traiteur qui me servoit, il alla me dénoncer, et je fus arrêté comme un homme suspect. A l'ouie de mon nom, je fus remis en liberté. Mon asyle étoit découvert, j'en trouvai un autre à Montmartre ; le même genre de vie fit naître les mêmes soupçons. Dénoncé au comité municipal des recherches, je fus arrêté et conduit à l'hôtel-de-ville. J'y étois trop connu pour être regardé comme antipatriote ; aussi mon renvoi honorable fut-il décidé avant qu'on eût examiné mes papiers. Dans le nombre étoient plusieurs numéros de l'*ami du peuple*, passablement énergiques, et ma dénonciation contre M. Necker. On en lut quelques morceaux. Le marquis de la Fayette me demanda avec instance de ne point la mettre au jour.

A peine chez moi, le premier usage que je fis de ma liberté fut de reclamer mes presses, qui avoient été saisies par le district de St.-Etienne-du-mont, de l'ordre de l'administration municipale, pendant mon absence. Quoique je fusse encore sous le décret, je ne craignis pas de me montrer par-tout, je courrus à l'hôtel-de-ville, à la mairie, au palais, etc. L'énergie avec laquelle je fis valoir les droits de citoyen violés en ma personne, triompha de tous les obstacles. Le district de St.-Etienne-du-mont, le maire et le tribunal de police s'empressèrent d'accéder à ma demande ; mes presses me furent rendues ; et ce qui étonnera sans doute, c'est que le N°. 57 (1) de ma feuille, qui avoit motivé la saisie,

(1) C'est le plus fort de tous ceux que j'ai publiés.

me fut remis avec les maculatures. C'étoit là reconnoître solennellement que j'avois eu raison d'attaquer les dépositaires de l'autorité, et consacrer avec éclat le droit qu'a tout citoyen d'écrire librement sur les affaires publiques.

Le bruit de mon retour s'étoit répandu avec rapidité; il avoit fait la nouvelle du jour. Les sieurs de Brunville et de Bachois en furent instruits des premiers. Depuis un mois je vaquois librement à mes affaires, et ils ne faisoient aucune poursuite. Tout paroissoit concourir à mon repos; on auroit cru que je pouvois enfin dormir sur les deux oreilles; car bien que je continuasse à démasquer les manœuvres criminelles des agens de l'autorité ministérielle et municipale; les collégues du sieur de Joly m'envoyèrent un ancien électeur à la ville, pour m'assurer qu'ils étoient disposés à faire lever le décret.

Le moment d'attaquer le châtelet me paroissoit favorable. Allarmé des efforts continuels des membres de ce tribunal pour opprimer les amis de la liberté, et sauver les traîtes à la patrie, je brûlai de les dénoncer au public: mais connoissant trop l'esprit dont de pareils juges étoient animés pour m'abandonner à leur foi; et regardant les décrets lancés contre moi, quelque odieux qu'ils fussent, comme une arme terrible, dont ils ne manqueroient pas de se servir un jour pour me perdre, je pris la résolution de la faire tomber de leurs mains; je me présentai donc au greffe criminel, et je demandai jour pour subir interrogatoire, pour anéantir toute plainte. Cette démarche m'autorisoit à croire qu'aucun décret ne seroit plus métamorphosé en prise-de-corps. Tranquille dès ce moment, j'attendis que le lieutenant-criminel me fit assigner; mais il n'étoit pas pressé de m'ouir en public. Cependant l'odieuse partialité des greffiers, des rapporteurs, des juges dans l'affaire du baron de Bezenval, dans celle de MM. Martin et Duval de Stain, dans la déposition de M. Rivière, et dans les interrogatoires du chevalier Rudlege et du marquis de Favras, me saisirent d'indignation; j'oubliai ma propre cause pour celle du public, et comptant pour rien les dangers que je courrois, j'invitai les bons citoyens à se porter en foule au châtelet, à exiger que l'instruction de la procédure se fit à voix haute, et à faire valoir leurs droits. Les juges allarmés prévinrent l'auditoire, ils se soumirent à leurs devoirs; ensuite prenant conseil de leurs passions, ils se concertèrent avec les municipaux et les ennemis publics. Le sieur Boucher d'Argis, que j'avois entrepris, tira de la poussière le décret d'ajournement personnel, le convertit en décret de prise-de-corps de concert avec la greffier, s'assura de soixante grenadiers et chasseurs, qui jurèrent de m'avoir mort ou vif, mit à leur tête un huissier et des alguasils de robe-courte, et les envoya fondre sur mon asyle au milieu de la nuit. J'évitai le coup; et le lendemain je dénonçai cet attentat (1), en faisant le tableau de l'odieuse administration des juges de ce tribunal; ils furent transis, ils sentoient ce qu'ils avoient à craindre du public indigné.

Plusieurs d'entre eux me firent assurer, qu'ils n'étoient pour rien dans cette entreprise criminelle; les autres laissèrent dormir la vengeance, et n'attendirent que le moment de m'immoler à leur fureur. Juges indignes! vous avez pu abuser d'un saint ministère pour accabler l'ami du peuple: mais s'il peut encore faire entendre sa voix, il vous fera trembler sur vos siéges d'iniquité; en attendant que l'indignation publique vous en arrache, il imprimera sur vos fronts le sceau de l'oppro-

(1) Deux témoins occulaires m'ont assuré que ce décret étoit décerné à la requête du sieur de Joly.

bre, et vos noms, qu'il aura rendu odieux, ne serviront plus qu'à désigner le rebut de l'humaine nature.

A mesure que les dangers s'accumuloient sur ma tête, je redoublois d'énergie pour faire face à l'orage ; j'attaquois les ennemis publics sans pitié, je les démasquois sans ménagement ; leur rage étoit au comble, ils redoutoient que leurs turpitudes ne fussent exposées au grand jour, et bien assurés que je ne m'arreterois qu'après les avoir écrasés, ils résolurent de me prévenir. Le comité de police du district de la Sorbonne, soufflé par quelque complaisant, venoit de dénoncer à l'hôtel-de-ville le N°. 83 de mon journal, comme peu respectueux pour le ministre chéri et pour le chef de la municipalité. Sur une aussi plaisante dénonciation le tribunal de police me fit assigner devant lui, sous prétexte que ce numéro étoit contraire aux réglemens ; et ce qu'il y avoit de curieux, le procureur-sindic se réservoit de prendre contre moi telle conclusion qu'il lui plairoit. Le piége étoit trop grossier pour trouver une dupe : mais je ne savois ce que je devois admirer le plus de la gaucherie ou de l'audace de ce prétendu tribunal, qui s'érigoit en arbitre de

la

la liberté de la presse, et en juge dans sa propre cause, car le maire le présidoit. En le récusant, je lui écrivis une lettre, où je lui témoignai toute ma surprise, lui fis sentir la barbarie de son invitation par huissier, dans un tems où j'étois sous un décret de prise-de-corps, comme s'il avoit voulut m'attirer sous le glaive du châtelet; et je relevai l'indécence de la menace de faire prendre contre moi telles conclusions qu'il lui plairoit, comme s'il étoit libre d'en prendre d'autres que celles qui découlent de la nature des choses; si tant est qu'il soit libre d'en prendre même aucune, car les mandataires provisoires de la commune n'étant que de simples administrateurs municipaux, n'ont pas plus le droit de s'ériger en tribunal de police, que leur comité des recherches n'a le droit de s'ériger en tribunal d'inquisition contre les patriotes qui ont favorisé la révolution, ou qui en ont démasqué les ennemis. Le tribunal de police renonça donc à l'espoir de me voir paroître devant lui; cependant le sieur Boucher d'Argis se concerta avec le procureur-syndic pour me dénoncer à l'assemblée générale des mandataires. Il avoit cru me faire trembler, en faisant marcher contre moi les alguazils du châtelet, soutenu d'un détachement nombreux;

je le remplis de terreur en le démasquant aux yeux du public ; et, quoiqu'il eut rassemblé autour de lui son bataillon, il ne se crut pas en sûreté, il se fit accompagner à la ville, pour implorer la protection des mandataires ; ils le comblèrent des témoignages de leur estime, et le mirent sous la sauve-garde de la commune, après avoir pris un arrêté fulminant contre moi et les autres écrivains, qui avoient eu l'effronterie de déchirer le voile, dont les ennemis de la patrie s'étoient enveloppés. En protestant contre cet arrêté, aussi indécent qu'illégal, j'attaquai l'incompétence de leur jurisdiction, et leur demandai en vertu de quel pouvoir ils s'étoient érigés en tribunal de judicature, tandis que leur mission se bornoit à préparer un plan d'administration municipale ; à quel titre ils avoient donné charge à leur procureur de poursuivre un écrivain patriotique qui les avoient traduits eux-mêmes, comme ayant abusé de la confiance de leurs commettans ; de quel front ils dénonçoient au châtelet sa feuille comme incendiaire, au moment où l'assemblée nationale, qu'ils singeoient, venoit de repousser pareille dénonciation, portée contre lui par les ennemis de l'état ; de quel front ils clabaudoient contre la liberté de la presse, faite pour démasquer les administrateurs infidèles, les mandataires vendus, les lâches prévaricateurs; de quel front ils cherchoient à me la ravir, au moment même où l'assemblée nationale me l'avoit conservée en refusant de délibérer. Non-seulement je protestai contre l'illégalité de leur jurisdiction; mais je les dénonçai eux-mêmes comme usurpateurs d'un pouvoir qui ne peut point leur appartenir, et dont ils ne se serviroient bientôt plus que pour enlever à la patrie ses défenseurs, la remettre sous le joug, et la replonger dans l'abîme.

Ma dénonciation contre M. Necker paroissoit à peine, la première feuille enlevée par les soldats qui étoient d'abord venus pour m'arrêter, l'avoit annoncée, et elle étoit attendue avec empressement. L'inculpation du principal ministre, comme auteur de la famine qui a désolé le royaume, confident des conspirations formées contre la patrie, et chef des conjurés, étoit faite pour piquer la curiosité autant que pour répandre l'alarme et l'effroi; l'accusé sentit qu'il étoit perdu, s'il ne me perdoit, et son parti fut bientôt pris.

Le district des Cordeliers, indigné des atteintes portées en ma personne, à la sûreté individuelle, songea à mettre un frein à l'audace des agens du pouvoir; il nomma des commissaires, conservateurs de la liberté des citoyens, arrêta que nul décret ne seroit mis à exécution qu'ils ne l'ussent visé. Les ennemis de la révolution en frémirent; ils tinrent conseil, résolurent d'envelopper ce district dans ma ruine, et ne négligèrent rien pour la consommer. Quelques députés à la ville s'efforcoient de soulever contre moi les fauxbourgs St.-Antoine et St.-Marcel, en me représentant comme incendiaire; plusieurs lettres d'injures leur furent adressées sous mon nom. Instruit de ces lâches manœuvres par un membre du district, je me hâtai de les détromper en leur faisant connoître mon cœur; ils ouvrirent les yeux, me rendirent justice, et repoussèrent avec indignation mes détracteurs.

C'est le sort du peuple d'être pris dans les pièges mêmes les plus grossiers; et l'un des plus familliers aux ennemis publics est de rendre suspect les vrais patriotes, en leur donnant leurs propres noms. Les suppôts du despotisme ministériel, les valets de l'administration municipale, les déprédat[illegible] de l'état; en un mot, tous ceux qui sont intéressés aux désordres publics, accouroient dans les cafés, repandre le bruit que j'étois un perturbateur du repos public, aux gages des proscrits; ils couroient de boutique en boutique, pour ameuter contre moi la garde nationale, dont plusieurs chefs se concertèrent ; et telle étoit leur ivresse que l'un deux eût l'imprudence de parler, que sous peu je serois au reverbère (1). Cependant dix mille calomniateurs repandus de tous côtés répétoient que le district de Cordeliers, ligué avec l'aristocratie, avoit formé un parti formidable pour opérer une contrerévolution ; que *l'Ami du Peuple* devoit se mettre à la tête, qu'on avoit fait chez lui des amas d'armes, et que sa cour étoit garnie de canons. Quand les têtes furent échauffées, on prit jour pour la scène tragique. La veille on distribua des cartes dans les halles aux personnes de bonne volonté, pour les inviter à se rendre rue Montmartre n°. 22, à un bureau désigné, où on leur donneroit de l'argent, en leur disant ce qu'on exigeoit d'elles dans la soirée. Le bureau fut ouvert ; un citoyen du district de Sainte-Opportune en informa le comité de police ; deux commissaires, accompagnés de fusiliers, s'y rendirent, ils écoutèrent à la porte ; une femme qui exigeoit vingt-cinq louis, finit par en accepter un ; une autre qui demandoit un louis, se contenta de douze livres ; elle s'en-

(1) Son nom est conservé dans le registre du corps de garde du bataillon des Cordeliers, avec la déposition du témoin qui constate le fait.

gagèrent *à demander l'Ami du Peuple lorsqu'il seroit à la ville, pour le traîner au reverbère.* Donneurs et receveurs d'argent furent conduits au comité ; ceux-ci déclarèrent tout ; on leur demanda s'ils auroient tenu parole ? *Oh bien oui !* répondirent-ils, *nous avons pris leur argent, et nous le boirons à la santé de l'Ami du Peuple.* Leur déposition reçue, on les conduisit au comité municipal des recherches ; or, je réponds bien que ce beau tribunal, qui s'est signalé jusqu'ici en recherchant les bons patriotes qui ont puni les traîtres de la garde du roi, ne rompra jamais le silence sur ces petites manœuvres des municipaux.

Le lendemain matin, 22 janvier, le châtelet renouvela la farce du décret officiel. On craignoit que le peuple, qui ne s'étoit pas laissé corrompre, ne s'opposât à mon enlèvement ; on craignoit d'éprouver de la résistance de la part du district des Cordeliers. Le commandant-général eût ordre d'appuyer le châtelet avec des forces suffisantes ; douze mille hommes furent commandés, trois mille tant fantassins que cavaliers, entremêlés à cinq mille espions, investirent le territoire du district ; l'infanterie occupoit les principales rues de l'arrondissement, depuis le carrefour de Bussy jusqu'au théatre françois ; la cavalerie occupoit la place de la comédie ; un gros de cavalerie placé au bas de Pont-neuf, et un corps de ~~garde soldé~~ reserve, posté devant le péristyle du Louvre, étoient prêt a se porter partout où besoin seroit ~~en cas de besoin~~ ; tandis que six mille hommes, postés à l'entrée des fauxbourgs St.-Antoine et St.-Marcel, devoient empêcher les habitans ~~d'accourir~~ d'avancer.

Plusieurs districts avoient refusé de se prêter à cette ~~glorieuse~~ honteuse expédition. Pour faire ma capture, on choisit ceux qui avoient fait preuve de bonne volonté ; tels furent ceux de St.-Roch, de St.-Honoré, des Barnabites, des Filles St Thomas, de Ste Oportune, de St Louis la Culture, des enfans rouges etc., dont presque tous les officiers sont ~~[illegible]~~ marchands ouvriers de luxe, c'est-à-dire, des hommes désespérés de la révolution ; des hommes qui regrètent le règne des courtisans dissipateurs, et des prélats prodigues ; des hommes qui ne connoissent d'autre bonheur dans la vie que d'écorcher les ~~épileu du siècle~~ favoris de la fortune. A la tête de cette brave troupe figuroit le sieur Carles, naguères orfevre, bijoutier, agioteur, aujourd'hui faiseur d'affaires et commandant de bataillon. Ainsi le 22 ~~septembre~~ Janvier les gardes Parisiens eurent l'honneur de servir de souteneurs d'huissiers au châtelet ; tandis que deux aides-de-camp du général, leur servant de galopins, couronnoient le cortège.

Sur les neuf heures les huissiers se présentèrent au corps-de-garde du bataillon des Cordeliers, l'indigne décret à la main (1); il étoit daté du 8 octobre. Les commissaires gardiens de la liberté l'ayant trouvé contraire aux nouvelles lois sanctionnées, ils en suspendirent l'effet durant 8 heures, se référant à la décision de l'assemblée nationale. Les huissiers crurent ne pouvoir passer outre, sans avoir pris les ordres du châtelet.

Le sieur Carles, requis de protéger leur retraite, manifesta un mécontentement extrême, et déclarât que si les huissiers s'en alloient, il ne s'en iroit pas, lui; puis il les apostropha en ces mots: *Je suis bien fâché qu'on vous ait chargé des décrets, il falloit ne pas s'en charger; vous m'avez l'air d'être de bien mauvais sujets, et je suis très-mécontent, très-mécontent.*

Cependant, les espions qui accompagnoient la garde, se répandoient en calomnies et en menaces contre *l'Ami du peuple*; ils

(1) Copie du décret: « Vous, le premier huissier ou sergent royal sur ce requis, à la requête du procureur du roi, demandeur et accusateur, prenez et appréhendez au corps quelque part que vous pourrez trouver le sieur Marat, et le constituez prisonnier, ès prisons du châtelet, pour être à droit, oui et interrogé sur les charges et informations contre lui faites le 8 octobre 1789. *Signé* THORY.

invectivoient les citoyens du district ; tandis que la plupart des officiers, à l'exemple du sieur Carles, les defioient par des propos insultans, comme s'ils eussent cherché à provoquer une action. La sagesse et la modération de ces citoyens les garantirent du malheur affreux que le plus léger ressentiment auroit amené ; ■ à quoi a-t-il tenu que des flots de sang n'aient coulé ! Déja l'assemblée générale du district, convoquée à la hâte, avoit député des commissaires vers le commandant-général, pour lui représenter qu'un appareil militaire, aussi menaçant, avoit répandu l'alarme, ■ le prier de venir rétablir le calme par sa présence. Il se contenta de répondre, *qu'en envoyant des forces aussi considérables, il n'avoit fait que suivre les ordres qu'il avoit reçu de M. Bailly, et qu'il avoit des affaires indispensables qui ne lui permettoient pas de se rendre à leur demande* : comme s'il étoit au monde quelque affaire plus importante que de prévenir une guerre civile ! S'étant transportés chez M. Bailly, il leur répondit à son tour, *qu'il n'auroit pas cru qu'on eût fait marcher tant de monde* : excuse d'écolier de la part d'un homme qui avoit donné des ordres positifs, et sans doute des ordres par écrit ; le commandant-général étant trop adroit pour se compromettre,

D'autres commissaires nommés pour informer l'assemblée nationale de ce qui se passoit, lui porter les craintes, les réclamations et les vœux du district, attendoient sa décision. Sans égard à l'attrocité du décret lancé contre *l'Ami du Peuple*, aux atteintes portées à la liberté et à la sûreté publique, l'assemblée arrêta que son président écriroit au district des Cordeliers, pour l'avertir « que les décrets des 8 et 9 » octobre, sur la jurisprudence criminelle » ne pouvant avoir aucun effet rétroactif, » les décrets de justice antérieurs doivent » recevoir toute leur exécution; que personne n'y peut apporter obstacle; et » qu'ainsi la délibération que le district a » prise de mettre un *visa* sur les jugemens » portant décret de prise-de-corps, qui » doivent s'exécuter dans l'étendue de son » territoire, a, contre son intention, l'effet » de blesser l'ordre public, et de renverser » les principes; qu'enfin l'assemblée nationale attend du patriotisme du district » des Cordeliers qu'il aidera l'exécution du » décret, loin d'y porter obstacle. »

Lecture prise de cet arrêté, deux commissaires se transportèrent auprès du sieur Carles, pour lui déclarer que rien ne l'empêchoit plus de mettre à exécution les ordres dont il étoit porteur; à l'instant ma maison fût investie de tous côtés, et les rues adjacentes furent fermées par une triple ligne de soldats.

Le commandant-général attendoit avec impatience l'arrêté de l'assemblée nationale, et la délibération du district des Cordeliers : ses aides-de-camp les lui portèrent. Chargés de ses nouveaux ordres, ils se rendirent au châtelet, allèrent chercher les huissiers, et les ramenèrent à mon domicile, où ils se présentèrent vers les six heures du soir. Trente officiers entrèrent alors dans mon appartement, l'épée à la main, et le fouillèrent complètement ; ils étoient déterminés à me mettre en pièces : furieux de l'inutilité de leurs recherches, ils le fouragèrent, passèrent leurs colères sur des pommes, et se mîrent à empocher journaux, dénonciations et manuscrits, (1) malgré les remontrances du commissaire, qui se piquoit d'honnêteté pour les faire rougir. Des pandours en pays ennemi en auroient usé moins librement, que ces dignes patriotes en usèrent chez un de leurs concitoyens, dont

(1) Dans l'armoire aux fruits étoient trois rouleaux contenans ; l'un sept lettres ployées, où sont developpées les preuves authentiques des malversations deM. Necker; l'autre tous les numéros de mon journal, corrigés pour une seconde édition, et l'autre le commencement de l'histoire de la révolution.

tout le crime étoit d'avoir voulu les empêcher de périr. Je leur pardonne l'aisance de leurs manières, si du moins, il ont respecté les pièces qui feront un jour preuve de conviction, de l'infidélité et des complots du ministre adoré.

Tout étoit prévu. Au cas que l'on me manquât, mes ennemis avoient arrêté que l'on m'ôteroit les moyens d'écrire : on parloit de m'enlever mes presses ; sur les représentations de mes chargés d'affaires, on se contenta de poser des scelés sur mon imprimerie. On les posa aussi sur toutes les armoires de mon bureau, où se trouvoient les collections de ma feuille, de cet écrit si redouté, et dont le but étoit de dévoiler les projets des traîtres à la patrie.

Ne pouvant concevoir que je n'eusse que deux presses en activité, on imagina que celles de MM. Brune et de Savy m'étoient consacrées. A onze heures (1) des grena-

(1) Notez que cette expédition nocturne fut faite à la suite d'un réglement du maire, portant qu'il ne seroit permis de faire aucune visite de nuit chez les femmes publiques, afin de ne point porter atteinte à la liberté des citoyens. La bonne ame que celle du sieur Bailly ! quoi qu'en disent les médisans, qui croient que cette ordonnance de police ne tend qu'à mettre à couvert les escrocs et les chenapans qui se retirent la nuit chez les filles, et dont il a besoin.

diers en firent ouvrir les portes par un serrurier, rompirent les formes, dispersèrent le caractère, mirent tout en pièces: puis fiers de leur expédition, ils sortirent en triomphe, portant chacun une chandelle allumée au bout de leur fusil. Jamais Chenapans en débauche ne se comportèrent plus scandaleusement. De ces violences au brigandage, il n'y a qu'un pas: et ce sont des citoyens armés contre l'oppression qui en devinrent les instrumens de gaïté de cœur! La seule excuse qu'ils puissent alléguer, c'est qu'ils étoient souls; car s'ils avoient été de sang-froid, il faudroit convenir que ces prétendus soldats de la patrie n'étoient que des goujats en maraude, indignes de combattre pour la cause publique.

Commissaires, huissiers et gardes restèrent chez moi jusqu'à minuit. En se retirant, ils y installèrent un gardien; telle est la bizarrerie des événemens de la vie, que le lit de *l'Ami du peuple* servit à un espion de police. Presque toute la troupe avoit été jusqu'alors sous les armes, elle se retira à l'exception d'un détachement de trois cens hommes, qui alla se poster près de la comédie, où l'on me croyoit réfugié: ils n'y restèrent que quelques heures. Ainsi finit cette honteuse expédition (1) : Elle eût déshonoré un gouvernement despotique ; elle a signalé l'aurore du prétendu règne de la liberté : et ce sont les mandataires de la couronne, les gardiens des lois, les défenseurs du peuple, qui l'ont ordonnée. Pouvoir irrésistible des vanités mondaines ! Seras-tu toujours l'écueil de la sagesse et de lajustice ?

Voilà l'exposé fidèle et rapide des faits. Je laisserois ici tomber le voile, s'il n'importoit à la canse de la liberté de développer les moyens mis en usage pour enlever à la pattie ses défenseurs ; s'il n'importoit d'exposer au grand jour ces mystères d'iniquité.

Les coups d'autorité des agens du pouvoir ministériel, municipal, et judiciaire, contre la liberté de ma plume et la sûreté de ma personne ; colorés du faux prétexte de maintenir les lois, et d'appuyer leur exécution, n'étoient que la suite de deux décrets révoltans, dont l'un a été décerné le 6 octobre, à la requête du sieur de Joly ; l'autre,

(1) On prétend qu'elle a coûté plus de 500,000 livres au trésor public ; car il a fallu acheter les chefs des comités de la plupart des districts, les chefs de la ville, de la garde bourgeoise, et tous ceux qui pouvoient s'y opposer. Aveugles citoyens ! voilà l'emploi d'une partie de vos dons patriotiques.

le 8 octobre à la requête du sieur de Brunville.

Le décret à la requête du sieur de Joly avoit pour objet une méprise innocente, faite sur la foi d'un opprimé qui réclamoit amèrement contre un délit très-grave, commis dans l'assemblée des mandataires provisoires de la commune de Paris : méprise que je m'étois empressé de rétracter dès l'instant où elle me fut connue. L'offense et la réparation avoient été publique : les ministres, les députés à la ville, les juges du châtelet, et le commandant-général ne pouvoient l'ignorer ; enfin la prise-de-corps avoit été convertie en ajournement personnel, et devoit l'être, d'après ma comparution en assigné pour être ouï. Le décret à la requête du sieur de Brunville, considéré comme suite de la plainte du sieur de Joly devoit tomber avec elle ; il ne pouvoit donc avoir pour principe que le lâche ressentiment du procureur du roi ; furieux de la franchise avec laquelle je l'avois rappelé à ses devoirs ; les tentatives faites pour m'écraser sous prétexte de mettre les décrets à exécution, étoient donc des attentats contre la sûreté et la liberté des citoyens, des attentats contre la justice et les loix, des attentats digne de la vindicte publique. C'est cependant sur de pareils titres que les ennemis publics se sont appuyés pour armer contre moi le bras de tant d'assassins, me faire assaillir par de nombreuses légions, rester seuls arbitres de l'état, appeler sur la capitale la guerre civile, et se défaire en un même jour de tous les amis de la patrie. Ainsi ces décrets, dont le châtelet sentoit toute l'atrocité, ne pouvoient avoir pour but le maintien des lois et de l'ordre public. Long-temps ensévelis dans la poussière du greffe, ils y seroient toujours restés, s'ils n'en avoient été tirés par l'administration municipale, ou plutôt par l'administrateur des finances : car j'étois déja en possession de contrôler paisiblement la conduite des municipaux, de censurer leurs funestes projets, de dénoncer leurs malversations; et ce n'est qu'à l'instant où j'ai porté une main audacieuse sur le voile dont le ministre favori enveloppoit ses opérations désastreuses, que l'orage à commencé à gronder sur ma tête. A la vue de ses machinations dévoilées, il a frémi de rage contre l'incorruptible défenseur des droits de la nation, et il n'a plus songé qu'à le faire périr : entreprise criminelle que l'administration municipale, le maire, le châtelet et le commandant-général, trop lâches pour l'avoir formée, ont néanmoins secondée avec empressement. Mais pour n'avoir été que de dociles instrumens dans la main du principal ministre, placé derrière la toile, ces agens subalternes n'en sont pas moins punissables; en les dénonçant à la nation, je me borne à leur dernière tentative, la plus criminelle de toutes. Le décret de prise-de-corps qui l'a motivée étant nulle de droit, elle ne peut-être réputée qu'un abus d'autorité pour consommer ma perte, et m'enpêcher de dévoiler leurs iniquités. Les juges du châtelet ont donc prévariqué dans leurs fonctions : or, je demande leur destitution, comme indignes de les exercer; et leur punition, comme lâches prévaricateurs.

Quant au maire, quelques courtes que soient ses vues, il n'est pas assez dépourvu de jugement, pour n'avoir pas senti où tendoit l'ordre barbare qu'il a donné, d'armer plusieurs districts contre celui des Cordeliers : Je le dénonce à la nation, non-seulement comme perturbateur du repos public, mais comme un traître à la patrie, qui n'a pas craint d'exposer la capitale à devenir le théâtre d'une guerre civile.

La conduite du commandant paroît encore plus atroce que celle du chef de la municipalité. Il s'excuse sur les ordres qu'il avoit de commander douze mille hommes pour appuyer cet attentat juridique. Qu'en sa qualité de capitaine-général il n'ait pas examiné l'injustice du décret, à la bonne-heure, il n'étoit pas juge compétent : mais en sa qualité de citoyen, il devoit ses observations à l'administration municipale. Et puis en sa qualité de capitaine-général et en sa qualité de citoyen, ne devoit-il pas peser les conséquences des ordres qu'on lui donnoit : pouvoit-il ne pas prévoir les suites, en cas de résistance ?

Pour faire marcher plusieurs districts contre celui des Cordeliers, il a choisi ceux dont presque tous les officiers sont ennemis de la révolution, comme s'il avoit compté sur des scènes de meurtre et de carnage. En refusant de se rendre sur les lieux pour appaiser le tumulte, il a exposé la capitale aux horreurs des dissensions civiles : Je le dénonce à la nation comme un chef indigne de commander aux soldats de la patrie ; je demande sa destitution comme chef dangereux, qui ne sait qu'obéir en esclave, et sa punition comme conspirateur (1). Je ne dirai rien ici du dévouement servile de la plupart des officiers qui conduisirent l'expédition, et sur-tout du sieur Carles, brutal satellite que la nature avoit des-

(1) On verra ci-après un grief plus grave encore contre sa loyauté.

tiné à être chef d'une bande de records. La seule réflexion que je me permettrai sur ce bas valet, c'est qu'il fait honneur au choix du général. Parlerai-je des gardes-nationaux qu'on a vu dans cette journée se livrer à mille excès, s'avilir au rôle de souteneurs, d'alguasils et d'espions, pour opprimer un citoyen irréprochable qui s'étoit dévoué pour le salut du peuple? Non, je laisse tomber le voile sur cet oubli honteux des devoirs de soldats de la patrie, pour ne voir que les noirs projets du ministre adoré, lâche persécuteur des l'écrivains patriotiques qui l'ont démasqué; et le premier auteur des divers attentats commis contre ma liberté, mon repos et ma vie.

Mais c'est trop long-temps parler de moi, et je ne m'occuperai plus de ma cause, qu'autant qu'elle intéresse celle du public.

Ne nous abusons pas. Sous un prince foible [illegible], un peuple ignorant et corrompu peut bien secouer un instant le joug; il suffit pour cela du concours de quelques circonstances heureuses. Mais pour recouvrer sa liberté, il faut des lumières et des vertus. Sans elles, il passe rapidement de la servitude à l'anarchie, de l'anarchie à la licence, de la licence à l'oppression, et de l'oppression à la servitude; cercle inévitable que nous venons de parcourir : ainsi après quelques mois écoulés dans les transes de la disette, et le délire d'un faux triomphe, nous voilà enfin remis aux fers par les mains mêmes que nous avons choisis pour assurer notre indépendance.

Prétendre que les mandataires du peuple, les ministres de la justice, les administrateurs publics ne soient que des représentans incorruptibles, des juges intègres, des agens fidèles, les gardiens des lois, les défenseurs des citoyens ; c'est vouloir que les hommes renonçent à leurs préjugés et à leurs passions ; qu'ils renonçent à l'amour du pouvoir, des honneurs, des richesses, à l'amour des voluptés et des vanités mondaines ; c'est vouloir que des âmes sans élévation, des cœurs de boue sacrifient tout à la vertu. Ne sortons pas de la nature : il ne faut rien attendre de beau des dépositaires de l'autorité, il faut les clouer à leurs devoirs ; il ne faut pas exiger qu'ils soient bons, il faut les empêcher d'être méchans : il faut donc les surveiller sans cesse, éplucher leur conduite, éclairer leurs opérations, dévoiler leurs desseins ambitieux, leurs funestes projets, leurs machinations, leurs complots, et les dénoncer ouvertement ; ce qui suppose la censure publique. Le premier soin d'une nation par ses malheurs, et qui veut sortir de l'esclavage, doit être d'inviter tout homme instruit et désintéressé à se charger de ces fonctions honorables, de l'avouer pour sa défense, et de le couvrir de son égide.

Ce seroit ne rien faire que de se borner à dénoncer les mandataires infidèles, les malversateurs, les prévaricateurs; si la nation ne se ménage pas un moyen également prompt et infaillible de les réprimer et de les punir. Le soin de sa vengeance ne peut être remis qu'entre les mains de patriotes qui ont fait leurs preuves, de dépositaires aussi sages que fermes et incorruptibles. Eux seuls ~~doivent~~ devroient composer un tribunal d'état, et c'est devant ce tribunal que les censeurs publics auroient à traduire les agens du peuple qui ont abusé de l'autorité. Enfin, lorsque la corruption a gagné tous les départemens de l'administration, le seul moyen de rétablir les choses dans l'ordre, c'est de nommer pour un temps très court un dictateur suprême, de l'armer de la force publique, et de lui commettre le châtiment des coupables. Quelques têtes abbatues à propos arrêtent pour long-temps les ennemis publics, et soustraisent pour des siècles entiers une grande nation aux malheurs de la misère, aux horreurs des guerres civiles : maximes bien éloignées de nos préjugés destructeurs. Oui, ~~c'est~~ c'est notre ignorance, notre vanité, notre présomption, notre aveugle confiance, qui nous fait aller au-devant du joug, qui nous livre pieds et mains liés au pouvoir de nos mandataires, de nos serviteurs. Sans lumières, sans mœurs, sans caractère, nous ne sommes qu'un tissu de frivolités, de foiblesses et de contradictions. Nous prostituons la sensibilité, et nous méconnoissons le sentiment; nous ne savons pas aimer, et nous sommes idolâtres; nous voulons juger de tout, et nous ne savons rien apprécier; nous nous engouons de chimères, nous carressons nos ennemis, et nous négligeons nos amis; nous fêtons les frippons adroits qui conspirent contre nous, et nous dégoûtons les sages qui nous éclairent; nous adorons les hypocrites qui travaillent à nous perdre, et nous abandonnons les hommes de bien, qui se font anathême pour nous sauver.

Depuis quelque temps, trois hommes encensés sont l'objet de notre admiration: mais en est-il un seul qui mérite notre estime, notre attachement, notre reconnoissance. Voyez le chef de la municipalité; philosophe sans caractère, citoyen sans vertus, sans énergie, sans vues, sans principes, mauvais patriote (1); un seul acte d'ostenta-

(1) Le 11 juillet, M. Bailly a signé le premier la protestation des états-généraux contre le gouvernement.

tion stoïque l'a porté sur l'autel, d'où cent traits de foiblesse, cent preuves de faux zèle, d'ypocrisie, de trahison, cent attentats n'ont pu encore le faire descendre : petit, ambitieux, vain, timide et rempant, il a renoncé à l'honneur pour la fortune, il immole les devoirs à la faveur, il seroit prêt à se couvrir d'infamie si quelque dignité pouvoit en être le prix : Naguères alliant la sensibilité d'un dévot à la dureté d'un despote, il versa des pleurs en prêtant serment de loyauté dans un acte de perfidie (1).

Aurez-vous plus de confiance dans le commandant-général, ce rusé courtisan, si poli, si doucereux, si souple ; ce petit paladin dont quelques campagnes sans péril ont fait un héros imaginaire ; ce philosophe désintéressé, qui s'occupa sans cesse de projets de fortune ; ce prétendu patriote dont l'effusion du plus pur civisme est toujours sur les lèvres. Il sacrifia la gloire à l'ambition ; appelé à la tête de la milice parisienne, il cacha soigneusement ses desseins ; il affecta de n'avoir point de volonté, crainte de dé-

(1) On sait que M. Bailly a pleuré comme un enfant le 14 février ; jour où le ministre favori a cru devoir réenchaîner toutes les classes de citoyens par un nouveau serment. Etoit-ce attendrissement ? étoit-ce remords ?

plaire : mais bientôt suivant ses projets en silence, il s'appliqua à gagner les soldats, par sa douceur et ses fausses démonstrations de patriotisme : long-temps il les amusa par des processions, par des bénédictions de drapeaux, des jeux d'enfans, il les promena de fête en fête. Pour s'étayer de toutes leurs forces, il avoit commencé par les tenir unis (1) ; pour s'en rendre maître, il travailla à semer entre eux la division : il avoit supposé une conspiration contre l'état, et la défection d'une compagnie entière de grenadiers de la garde soldée ; il afficha le danger de les laisser seuls monter chez le roi, il insista sur la nécessité de leur opposer un plus grand nombre de citoyens sous le même costume, et il forma parmi les jeunes gens inconsidérés plusieurs compagnies de grenadiers ; et travaillant à leur inspirer un esprit de corps, il se les attacha par serment particulier ; et les chargea de l'exécution de tous ses ordres dans les expéditions d'éclat. Ces innovations ayant allarmé les patriotes clairvoyans, il prétendit les rassurer en créant des compagnies de chasseur, pour contre-balancer celles des gre-

(1) La garde bourgeoise demandoit d'abord à être distinguée par quelque signe de la garde soldée, il s'y opposa de toutes ses forces, en faisant craindre que celle-ci ne devint une garde prétorienne.

nadiers, remède qui n'avoit que l'inconvénient de doubler le mal! Jaloux de purger la garde soldée des sujets qui étoient peu dévoués à ses ordres, et qui tenoient conseil pour se faire rendre justice; il fit accuser ces soldats d'avoir trempé dans une conspiration chimérique, il les enveloppa, leur fit rendre les armes, & les jetta dans les dépôts de St. Dénis, où il [illegible] en criminels d'état. Telle est la faveur dont il jouit auprès de l'aveugle multitude, qu'il pourroit tout (1) tenter impunément. Croira-t-on que cet homme, si dangereux à la tête des troupes nationales, a été nommé le libérateur de la France? Comment imaginer qu'un courtisan rongé d'ambition puisse être patriote? Comment imaginer qu'il ne se prêter[illegible] pas à toutes les vues du cabinet, et qu'il ne sacrifier[illegible] pas à son avancement particulier les intérets de la nation, le bonheur public, le salut de la patrie? Souvenez-vous de ma prédiction. *Un jour, vous le verrez ce zélé citoyen, bariolé de cordons, et avec le bâton de maréchal; une fois suppôt du monarque,*

---

(1) On peut voir qu'il n'a pas négligé de profiter de cette funeste sécurité des Parisiens, puisqu'il a entrepris de former un parc d'artillerie, dans la vue seule d'enlever aux districts tous leurs canons. Si nous donnous dans ce piége perfide, nous serons de jolis messieurs.

devenu plus puissant que jamais, peut-etre renouvellera-t-on pour lui la charge dangereuse de connétable.

Mettrez-vous votre espoir dans le ministre des finances ? cet intriguant consommé, qui ne peut respirer que dans l'atmosphère du cabinet, qui renonceroit plutôt à la vie qu'au timon des affaires, et qui est rongé de l'ambition de dominer la France sous le nom de régent. Pour se rendre maître de la nation, il afficha la bienfaisance, puis il chercha à relever le peuple qu'il n'aime point, et à humilier les grands qui le méprisent ; mais dupe, et de ses hauteurs simulées, et de sa fausse popularité, il ne tarda pas à flatter les courtisans qui pouvoient le maintenir en place, à trahir le peuple qui avoit fait sa réputation, et à lui faire perdre les droits qu'il sembloit travailler à lui rendre. Sacrifiant à sa gloriole le bonheur de la nation, il entreprit de (1) remettre au monarque le souverain pouvoir ; et pour la forcer à reprendre ses fers, il l'épuisa de misère, la livra aux horreurs de la disette, à la crainte de la famine, il devînt l'ame d'horribles

---

(1) C'est lui qui engagea le roi à tenir le lit de justice de juillet.

conspirations qui devoient réduire la capitale par le fer et le feu. Vous attendez de lui votre bonheur, il consommera votre ruine. Quel autre auroit assez d'astuce et de ténacité pour aller à son but, en poursuivant sans relâche les mêmes manœuvres qui auroient dû le perdre? Pour reprendre l'empire, il a levé sur les peuples une contribution patriotique, qu'il a employée à payer l'armée, à subjuger les comités de l'assemblée nationale, l'administration municipale, et les chefs de districts; il continue ses opérations désastreuses sur les grains; il accapare le numéraire par des billets de caisse dont il inonde le public, et qu'il force de recevoir, et aux barrieres et à la ville; il thésorise pour subvenir aux frais d'une campagne prochaine. S'il ne peut enchaîner la nation par les mains de la milice nationale, vous le verrez appeler contre le peuple les troupes reglées, et renouveler avec plus d'adresse les préparatifs menaçans du premier juillet.

Je le dis en frémissant; tant que cet homme sera au timon des affaires, tant qu'il sera l'âme du cabinet, tant qu'il pourra se procurer de l'argent, il n'y aura point de terme à nos maux, point de terme aux conspirations; de nouveaux piéges pour opprimer le peuple, se succéderont sans cesse;

sans cesse ce succéderent de nouveaux projets pour épuiser le peuple, remplir le trésor, tenir sur pied une armée formidable; corrompre le législateur, les administrateurs municipaux, les chefs des districts; soudoyer les légions innombrables des courtisans, des pensionnaires royaux, des satellites du gouvernement, des suppôts de l'autorité; faire face aux événemens, reculer la catastrophe, et rester en place.

La censure publique, un tribunal d'état, un tribun du peuple et un dictateur momentané, pouvoient seuls terminer nos malheurs, nous délivrer des ennemis de la patrie, établir la liberté, et cimenter la félicité publique; au défaut de ces institutions salutaires, les milices nationales sembloient nous offrir un rempart assuré contre l'oppression; mais hélas! à en juger par la garde Parisienne, qu'avons-nous à espérer? les forces de l'état sont tournées contre ses enfans. Je l'ai déja observé, l'uniforme et l'organisation de la garde nationale ont étouffé la liberté dans son berceau; elle triomphoit pour toujours, si après le 14 juillet, on avoit armé indistinctement tous les citoyens domiciliés, si on les avoit disciplinés, s'ils avoient pris la cocarde pour seule marque distinctive. Dans les jours de péril, on voyoit les riches, confondus avec les pauvres, courrir aux armes pour leur commune défense ; la peur étouffoit dans leur ame tout autre sentiment ; mais aussi-tôt qu'ils commencèrent à respirer, les petites passions se firent entendre, la sotte vanité fut seule écoutée, l'opulence dédaigna la médiocrité, et l'homme couvert d'un bon habit ne voulut pas marcher à côté de l'homme couvert de haillons.

Pour tenir sous le joug la multitude des infortunés, on commença par les écarter du service militaire, dont ils avoient seuls supporté presque toutes les fatigues ; ~~en donnant~~ on donna à la milice un habit qui supposoit quelqu'aisance dans ceux qui pouvoient y entrer ; et l'armée ne se trouva plus composée que des soldats, dont le soin de leur fortune les rendoit ennemis de toute révolution. Seuls ils eurent les armes à la main, et bientôt on les porta à un nombre assez considérable pour faire face au reste des citoyens. A peine eurent-ils endossé l'habit national, qu'ils s'admirèrent dans ce nouvel accoutrement ; le plus mince artisan affublé d'un uniforme regardoit avec dédain son confrère en habit bourgeois. Bientôt un bonnet de grenadier et un pantalon de chasseur divisèrent en trois corps la milice parisienne ~~elle-même~~, et l'empêchèrent de se réunir pour le salut commun. Le serment particulier, imposé aux chasseurs et aux grenadiers, les lia à leur général ; et tel est leur aveugle dévouement à ses ordres, qu'ils seroient prêts à marcher contre la patrie. Croira-t-on que des citoyens qui se regardent comme les défenseurs de l'état, sont assez bornés, assez imprudens, assez inconsidérés pour se prêter à enchaîner leurs frères ? Se peut-il qu'ils ayent oublié l'honneur au point de servir de cortége à des huissiers, à des satellites, à des espions ? Le bel emploi pour des gardes nationaux, que de marcher à la suite de vils records ! le beau triomphe que de livrer des citoyens qui se sont immolés pour eux !

O Parisiens ! vous n'êtes que des enfans ; vous fermez les yeux sur les malheurs qui vous attendent, l'irréflexion vous tient dans la sécurité, la vanité vous console de tous vos maux. Mais pourquoi vous accabler de reproches inutiles ? vous ne voulez être libres que pour vous vendre, vendez-vous : vous êtes contens de vos fers, gardez les : vous repoussez la main qui veut vous tirer de l'abîme, restez y. Les intrigans qui vous trompent, les frippons qui vous dépouillent, les scélérats qui vous asservissent, sont les hommes qu'il vous faut. Continuez d'adorer le divin Necker, l'héroïque la Fayette, l'immortel Bailly ; prosternez-vous devant ces modèles de civisme, de désintéressement, de vertu ; courrez dans les cafés, bavardez sur les papiers-nouvelles, rangez-vous autour d'une poële ou d'une table, racomptez vos exploits, et portez vos chaînes. L'ami du peuple, désolé de votre aveuglement, de votre sécurité, de votre dépravation, n'aura donc vu luire l'aurore de la liberté que pour en déplorer la perte ; renfermant au fond de son cœur ses allarmes, ses regrets, son desespoir, il gemira le reste de sa vie sur votre sort, comme un père tendre gémit sur le sort d'un fils dénaturé.

Grâce à l'enchaînement des circonstances, vous respirez encore : mais le jour s'avance où le dur joug qu'on vous prépare s'appésentira sur vos têtes, et vous serez livrés à vos oppresseurs. A la vue des scènes sanglantes de la tyrannie, rendus à vous mêmes par la terreur, vous regretterez les avantages de la liberté que vous avons perdue, vous frémirez de l'avoir foulée aux pieds, vous maudirez votre aveuglement. Mais hélas ! quel sentiment de tristesse vient déchirer mon âme ? Ah ! s'il reste encore quelqu'espoir aux amis de la patrie, c'est que la liberté, bannie de nos murs par vos vices, plus encore par votre ignorance, trouvera un asyle dans les provinces ; et c'est pour elles sur-tout que je desire ne pas éprouver le sort de Cassandre.

J'ai fait connoître les chefs des ennemis de la révolution, les principaux artisans de nos malheurs, la source de nos maux, et les moyens de la tarir : Je crois avoir quelques titres à la confiance publique ; pardonnera-t-on a mes allarmes, pour le salut de la patrie, de rappeler les principaux.

Qu'on suive mes dénonciations, mêmes celles qui d'abord furent regardées comme des rêveries, et l'on verra que je n'ai malheureusement que trop bien rencontré. A l'ouie des motions provoquées le 4 août par le vicomte de Noailles, j'ai réclamé contre les acclamations de l'aveugle multitude, pour dénoncer une faction de conjurés qui dominoit les états-généraux, faction perfide qui n'est que trop redoutable aujourd'hui.

En voyant augmenter la disette du pain après une riche récolte, je n'ai pas craint de dénoncer le ministre des finances comme l'auteur des accaparemens : j'ai été traité devisionnaire ; dès-lors les preuves ont été acquises, & aujourd'hui elles sont irrésistibles.

J'avois senti que les accaparemens ne pouvoient se faire sans le concours de municipalités qui s'étoient saisies des forces nationales : voyant l'inaction de la municipalité parisienne

parisienne au milieu de la détresse du peuple pour avoir du pain, et les faux bruits qu'elle faisoit circuler dans le public sur les causes de la disette ; je l'ai inculpée de conniver avec le gouvernement ; dès-lors une foule de preuves juridiques a justifié l'inculpation.

En voyant le châtelet constitué tribunal d'état, j'ai pressenti que des juges ennemis de la révolution par principes, autant que par intérêt, mettoient tous leurs soins à sauver les malversateurs, les conspirateurs, les traîtres à la patrie, et à sacrifier ses trop zélés défenseurs ; et j'ai annoncé ces craintes, qu'une triste expérience n'a que trop justifiées.

En voyant proposer le décret de la loi martiale, j'ai prédit qu'elle ruineroit la liberté, en liant les bras aux classes du peuple qui ont amené la révolution : prédiction que l'événement n'a que trop justifié.

En voyant l'organisation de la milice nationale, l'énormité des appointemens prodigués à l'état-major soldé, l'indigne choix de l'état-major non-soldé, j'ai prédit que l'uniforme perdroit la liberté, et que l'on se serviroit, pour enchaîner la nation, des mêmes mains qui avoient rompu ses fers : prédiction qui n'a encore été que trop bien justifiée.

En voyant le commandant-général de la

troupe parisienne, si soumis au pouvoir municipal, j'ai pensé que ce citoyen équivoque profiteroit des sots préjugés du public en sa faveur, pour lier sa partie, jusqu'à ce que le moment fût venu de lever le masque : souvenez-vous du 22 janvier.

Puisse le passé nous servir de leçon : puisse la voix de l'*Ami du peuple* réveiller de leur léthargie ses compatriotes : puisse-t-elle leur faire ouvrir les yeux, puisse-t-elle prévenir la ruine dont ils sont menacés.

Je n'ai porté mes réclamations au tribunal de la nation, que parce qu'elles sont liées à la cause publique ; il importe au triomphe de la liberté que l'un de ses plus zélés défenseurs ne soit pas immolé par les agens du pouvoir.

On lui fait quelques reproches. Peut-être a-t-il passé les bornes de la modération en attaquant les ennemis du bien public : il ne s'en défend pas, il sait qu'il porte jusqu'au délire l'amour de la justice, de la liberté et de l'humanité ; mais au milieu des écarts que les gens froids et tranquilles lui imputent, son cœur fut toujours pur, et jamais il ne songea qu'au bien du peuple, jamais il n'eut en vue que le salut de la patrie.

C'est pour travailler à rendre la nation libre et heureuse, qu'il mène depuis treize mois un genre de vie qu'aucun homme au monde ne voudroit mener pour se racheter d'un supplice cruel : c'est pour elle qu'il est descendu dans l'arène ; c'est pour elle qu'il a si souvent abandonné le soin de ses jours.

De rigides censeurs qui veulent absolument retrouver l'homme dans le patriote, ont cherché à ternir la pureté de son zèle ; il avoue que son cœur n'est pas insensible à la gloire ; foiblesse dont il ne rougit pas, et dont l'austère vertu ne peut lui faire un crime. Tel est l'*Ami du peuple*. Lorsque le songe de la vie sera prêt à finir pour lui, il ne se plaindra point de sa douloureuse existence, s'il a contribué au bonheur de l'humanité, s'il laisse un nom respecté des méchans, et chéri des gens de bien.

Signé, MARAT.

www.ingramcontent.com/pod-product-compliance
Lightning Source LLC
LaVergne TN
LVHW021523140926
848035LV00047B/1178
* 9 7 8 2 0 1 4 4 5 8 9 9 2 *